škola - اسکول | 2
putovanje - سفر | 5
transport - نقل وحمل | 8
grad - شہر | 10
krajolik - منظر | 14
restoran - ریسٹورنٹ | 17
supermarket - سُپرمارکیٹ | 20
napitci - مشروبات | 22
jelo - کھانےکی اشیاء | 23
seosko gazdinstvo - کھیت | 27
kuća - مکان | 31
dnevna soba - لوونگ روم | 33
kuhinja - باورچی خانہ | 35
kupaonica - غُسل خانہ | 38
dječija soba - بچوں کا کمرہ | 42
odjeća - لباس | 44
ured - دفتر | 49
gospodarstvo - معیشت | 51
zanimanja - پیشے | 53
alati - اوزار | 56
glazbeni instrument - آلات موسیقی | 57
zoološki vrt - چڑیا گھر | 59
šport - کھیلیں | 62
aktivnosti - سرگرمیاں | 63
obitelj - خاندان | 67
tijelo - جسم | 68
bolnica - ہسپتال | 72
hitni slučaj - ہنگامی صورتحال | 76
zemlja - زمین | 77
sat - کلاک | 79
tjedan - ہفتہ | 80
godina - سال | 81
oblici - اشکال | 83
boje - رنگ | 84
suprotnosti - مخالف | 85
brojevi - اعداد | 88
jezici - زبانیں | 90
tko / što / kako - کون / کیا / کیسے | 91
gdje - کہاں | 92

Impressum
Verlag: BABADADA GmbH, Nedderfeld 112 , 22529 Hamburg
Geschäftsführer / Verlagsleitung: Harald Hof
Druck: Books on Demand GmbH, In de Tarpen 42, 22848 Norderstedt

Imprint
Publisher: BABADADA GmbH, Nedderfeld 112 , 22529 Hamburg, Germany
Managing Director / Publishing direction: Harald Hof
Print: Books on Demand GmbH, In de Tarpen 42, 22848 Norderstedt, Germany

škola
اسکول

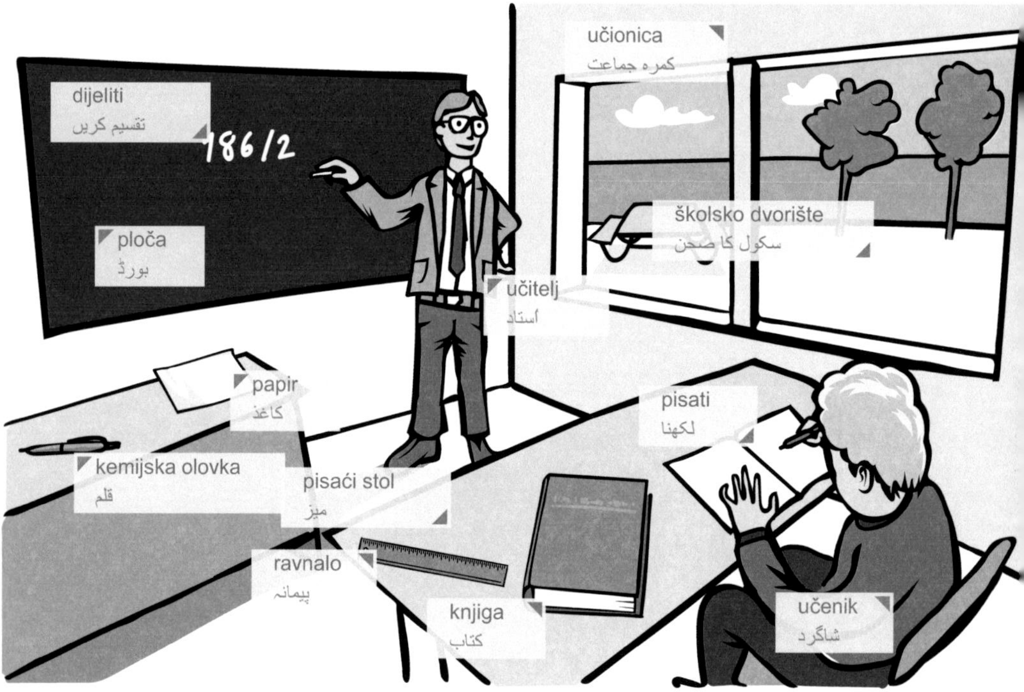

učionica
کمرہ جماعت
dijeliti
تقسیم کریں
186/2
ploča
بورڈ
školsko dvorište
سکول کا صحن
učitelj
اُستاد
papir
کاغذ
pisati
لکھنا
kemijska olovka
قلم
pisaći stol
میز
ravnalo
پیمانہ
knjiga
کتاب
učenik
شاگرد

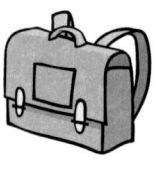

torba
بستہ

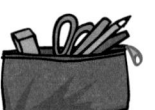

pernica
پینسل کیس

grafitna olovka
پینسل

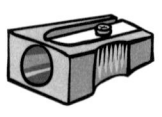

šiljilo za olovke
پینسل شارپنر

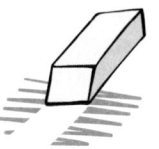

gumica za brisanje
ربڑ

blok za crtanje
ڈرائنگ پیڈ

crtež

ڈراننگ

kist

پینٹ برش

kutija s bojama

پینٹ باکس

makaze

قینچی

ljepilo

گوند

bilježnica

مشق کی کاپی

domaći zadatak

ہوم ورک

broj

نمبر

sabirati

جمع کریں

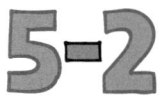

oduzimati

منفی کریں

množiti

ضرب دیں

računati

شمار کریں

slovo

خط

abeceda

حروف تہجی

riječ

لفظ

tekst

متن

čitati

پڑھنا

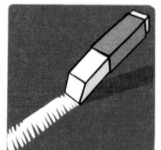

kreda

چاک

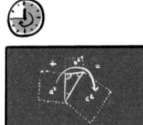

sat

سبق

dnevnik

اندراج

ispit

امتحان

svjedodžba

سند

školska uniforma

سکول یونیفارم

obrazovanje

تعلیم

leksikon

انسائیکلوپیڈیا

sveučilište

یونیورسٹی

mikroskop

خورد بین

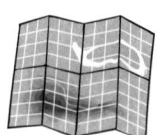

karta

نقشہ

košara za papir

ویسٹ پیپر باسکٹ

putovanje
سفر

Grand
hotel
ہوٹل
prenoćište
ہاسٹل
ROOMS
mjenjačnica
رقم تبدیل کرانے کیلئے دفتر
EXCHANGE
kofer
سوٹ کیس
auto
کار

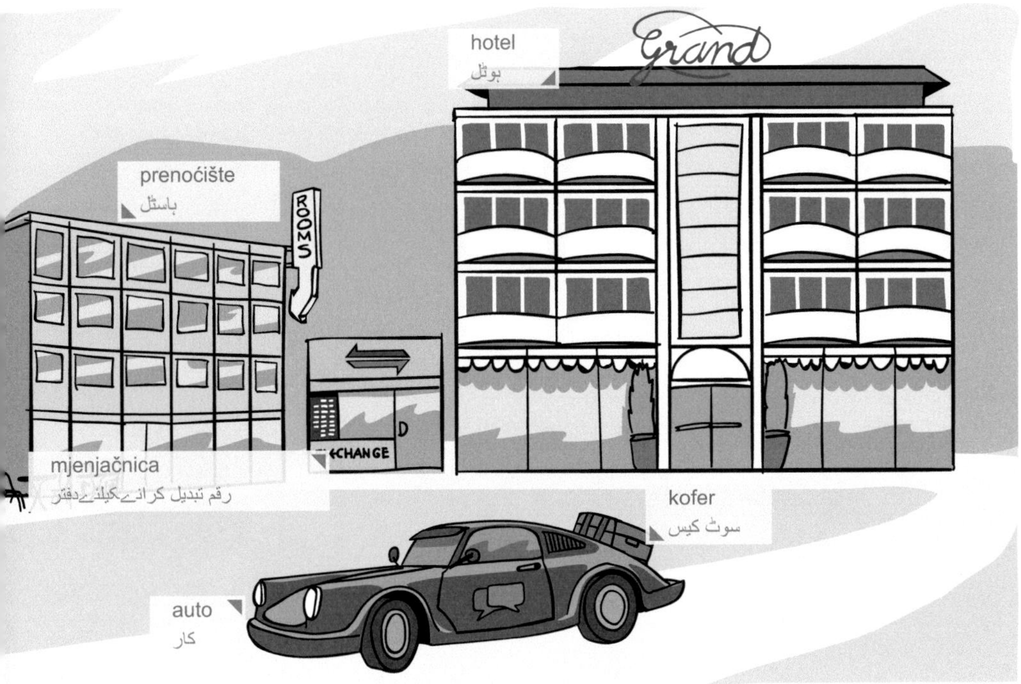

jezik

زبان

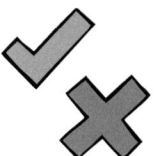

da / ne

ہاں / نہیں

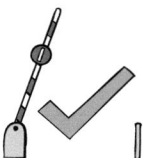

okay

ٹھیک ہے

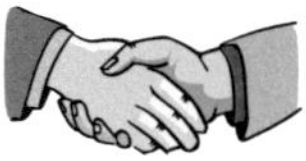

zdravo

ہیلو

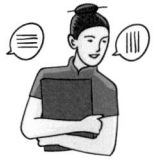

prevoditelj

مُترجم

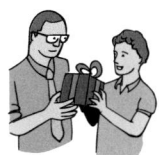

hvala

شُکریہ

Koliko košta...?

ـ۔۔۔ کی کیا قیمت ہے؟

ne razumijem

میں نہیں سمجھتا

problem

مشکل

dobro veče!

شام بخیر !

Dobro jutro!

صبح بخیر !

Laku noć!

شب بخیر !

doviđenja

الوداع

smjer

سمت

prtljaga

سفری سامان

torba

بیگ

ruksak

بیگ پیک

gost

مہمان

soba

کمرہ

vreća za spavanje

سلیپنگ بیگ

šator

ٹینٹ

turističke informacije

سياحوں کے لئے معلومات

plaža

ساحل

kreditna kartica

کریڈٹ کارڈ

doručak

ناشتہ

ručak

لَنچ

večera

ڈنر

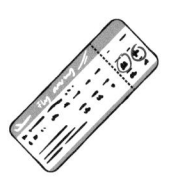

karta za vožnju

تکٹ

dizalo

لفٹ

poštanska markica

مُہر

granica

سرحد

carina

کسٹمز

ambasada

سفارت خانہ

viza

ویزا

putovnica

پاسپورٹ

transport

نقل وحمل

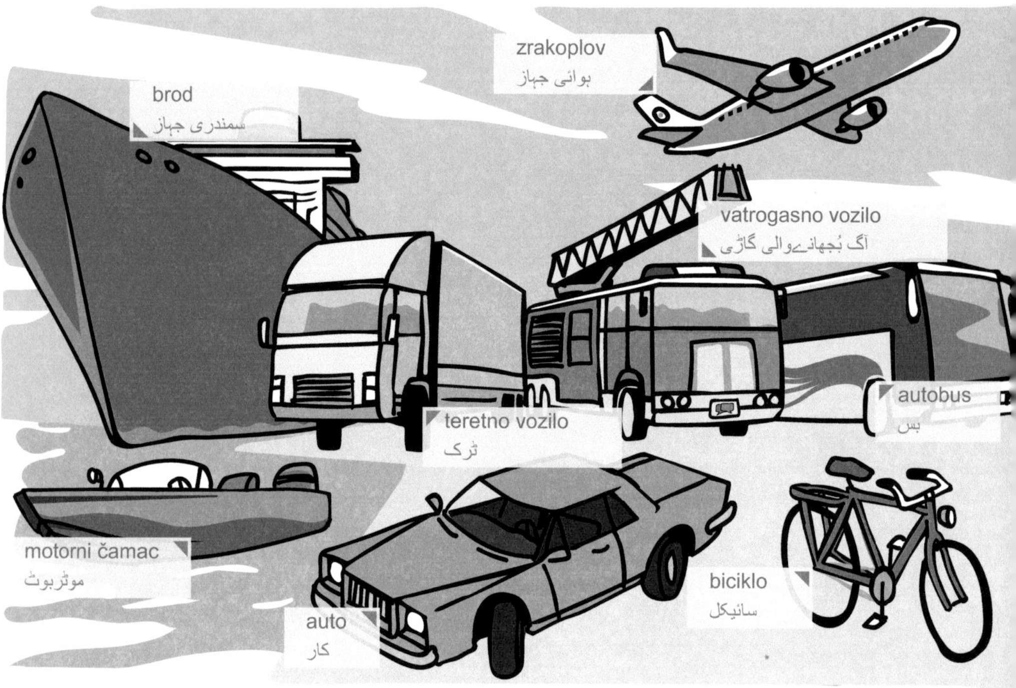

zrakoplov
ہوائی جہاز
brod
سمندری جہاز
vatrogasno vozilo
آگ بُجھانےوالی گاڑی
teretno vozilo
ٹرک
autobus
بس
motorni čamac
موٹربوٹ
biciklo
سائیکل
auto
کار

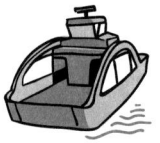

trajekt

فیری

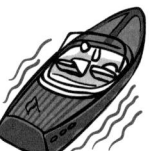

čamac

کشتی

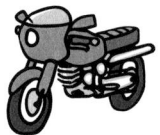

motocikl

موٹرسائیکل

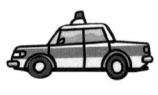

policijski auto

پولیس کار

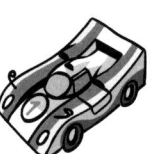

trkaći auto

ریسنگ کار

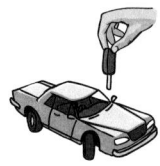

iznajmljeno auto

کرایہ پرکار

dijeljenje automobila

کار کا اشتراک کرنا

vučno vozilo

کھینچنے والا ٹرک

vozilo za odvoz smeća

کوڑے والا ٹرک

motor

کار

benzin

ایندھن

benzinska postaja

پٹرول اسٹیشن

prometni znak

ٹریفک کے نشانات

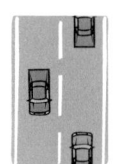

promet

ٹریفک

zastoj

ٹریفک جام

parkiralište

کار پارک

kolodvor

ٹرین اسٹیشن

šine

پٹڑیاں

vlak

ٹرین

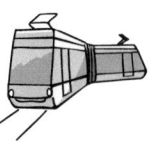

tramvaj

ٹرام

vagon

ویگن

helikopter

بیلی کاپٹر

zrakoplovna luka

ایرپورٹ

toranj

تاور

putnik

مسافر

kontejner

کنٹینر

karton

ڈبہ

kolica

ریڑھا

košara

ٹوکری

uzletjeti / sletjeti

اڑان بھرنا / زمین پر اترنا

selo

گاؤں

centar grada

سٹی سنٹر

kuća

مکان

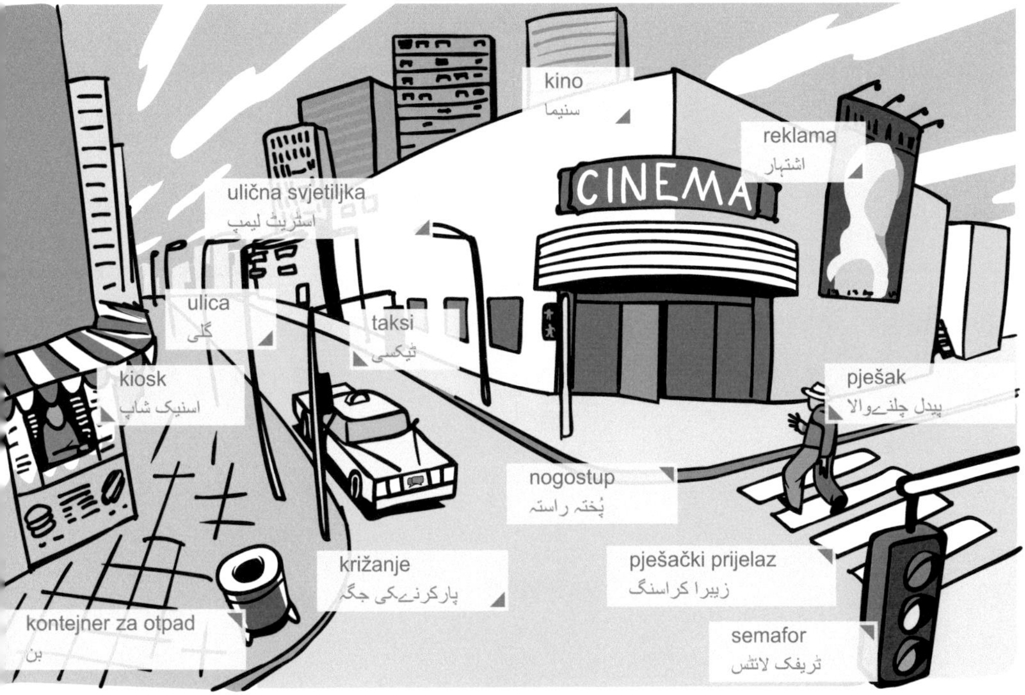
kino
سنیما
CINEMA
reklama
اشتہار
ulična svjetiljka
اسٹریٹ لیمپ
ulica
گلی
taksi
ٹیکسی
kiosk
اسنیک شاپ
pješak
پیدل چلنےوالا
nogostup
پُختہ راستہ
križanje
پارکرنےکی جگہ
pješački prijelaz
زیبرا کراسنگ
kontejner za otpad
بن
semafor
ٹریفک لائٹس

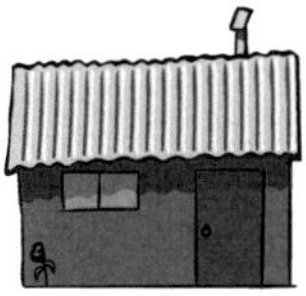

koliba

بٹ

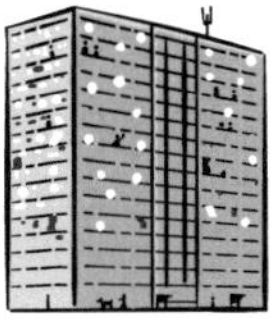

stan

فلیٹ

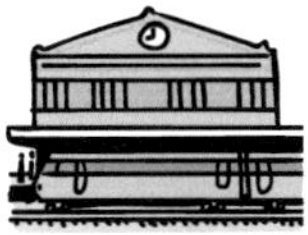

kolodvor

ٹرین اسٹیشن

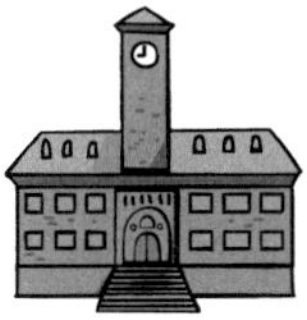

vijećnica

ٹاؤن ہال

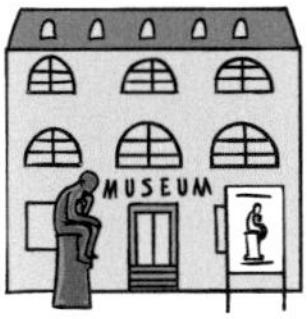
MUSEUM

muzej

عجائب گھر

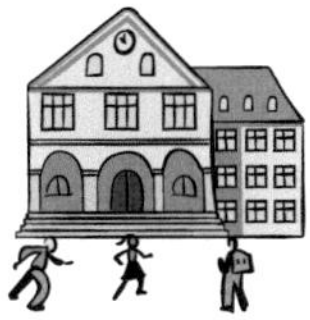

škola

اسکول

sveučilište

یونیورسٹی

banka

بینک

bolnica

ہسپتال

hotel

ہوٹل

ljekarna

فارمیسی

ured

دفتر

knjižara

کتابوں کی دکان

prodavaonica

دکان

cvjećara

پھولوں کی دکان

supermarket

سپُرمارکیٹ

trg

مارکیٹ

robna kuća

ڈیپارٹمنٹ سٹور

ribarnica

مچھلی کی دکان

trgovački centar

شاپنگ سنٹر

luka

بندرگاہ

park

پارک

klupa

بنچ

most

پُل

stepenice

سیڑھیاں

podzemna željeznica

انڈرگراونڈ

tunel

سُرنگ

autobusna stanica

بس اسٹاپ

bar

شراب خانہ

restoran

ریسٹورنٹ

poštansko sanduče

پوسٹ باکس

ulični znak

اسٹریٹ سائن

parkirni sat

پارکنگ میٹر

zoološki vrt

چڑیا گھر

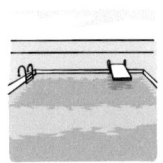

bazen

سونمنگ پول

džamija

مسجد

seosko gazdinstvo

کھیت

zagađenje okoliša

آلودگی

groblje

قبرستان

crkva

چرچ

igralište

کھیل کا میدان

hram

مندر

krajolik

منظر

list
پتَہ

putokaz
رہنمائی کرنے کے لگا ہوا بورڈ

put
راستہ

livada
سبزہ زار

kamen
پتھر

drvo
درخت

šetač
پیدل چلنے والا، پانکر

rijeka
دریا

trava
گھاس

cvijet
پھول

dolina

وادی

planina

پہاڑی

jezero

جھیل

šuma

جنگل

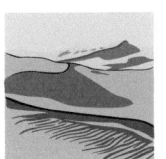

pustinja

صحرا

vulkan

آتش فشاں

dvorac

قلعہ

duga

قوس قزح

gljiva

گھمبی

palma

کجھور کا درخت

moskito

مچھر

muha

مکھی

mrav

چیونٹی

pčela

مکھی

pauk

مکڑا

buba

بھونرا

žaba

مینڈک

vjeverica

گلہری

jež

خارپُشت

zec

خرگوش

sova

الو

ptica

پرندہ

labud

راج ہنس

divlja svinja

سؤر

jelen

برن

los

امریکی بارہ سنگھا

nasip

ڈیم

vjetrenjača

ہوا سےچلنےوالی ٹربائین

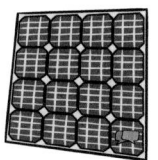

solarna ploča

سولرپینل

klima

أب وہوا

restoran

ریسٹورنٹ

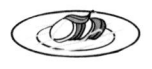

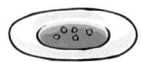

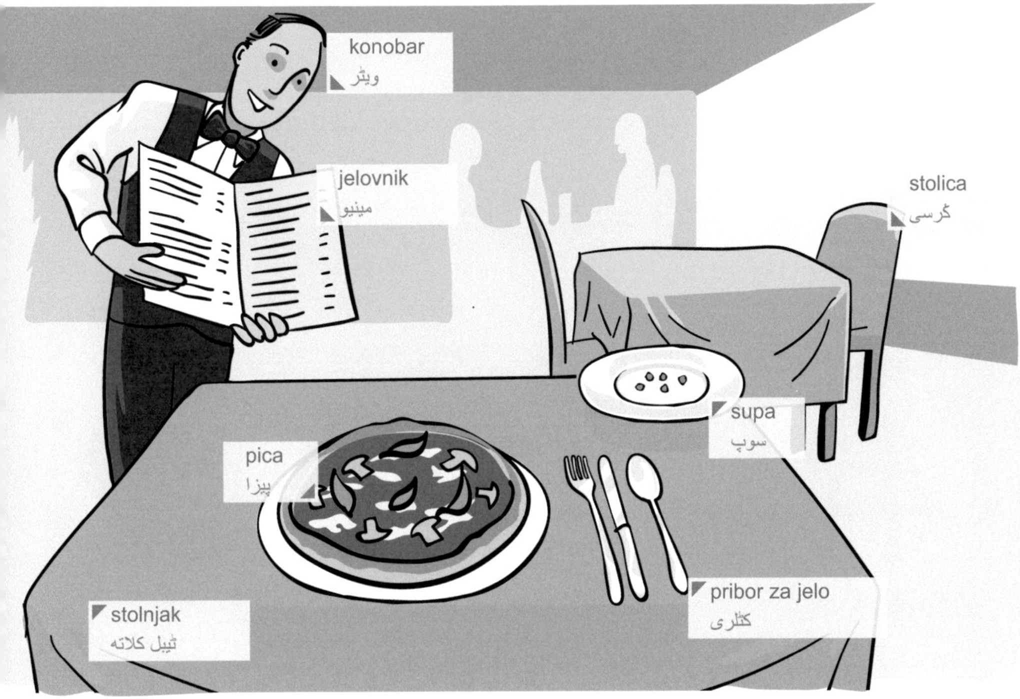

konobar
ویٹر
jelovnik
مینیو
stolica
کرسی
supa
سوپ
pica
پیزا
pribor za jelo
کٹلری
stolnjak
ٹیبل کلاتھ

predjelo

استارٹر

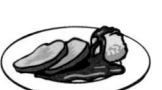

glavno jelo

مین کورس

desert

ڈیزرٹ

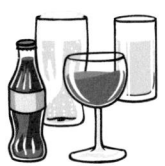

napitci

مشروبات

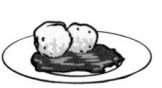

jelo

کھانے کی اشیاء

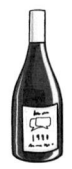

boca

بوتل

fastfood

فاسٹ فوڈ

imbis hrana

اسٹریٹ فوڈ

čajnik

چائےدانی

doza za šećer

شوگرباکس

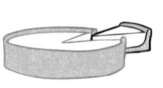

porcija

حصہ

aparat za espresso

ایسپریسو مشین

visoka stolica

اونچی گرسی

račun

بل

pladanj

ٹرے

nož

چُھری

vilica

کانٹا

žlica

چمچ

čajna žlica

چائےکا چمچ

ubrus

سرویینٹی

čaša

شیشہ

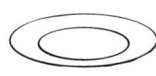

tanjur

پلیٹ

tanjur za supu

سوپ پلیٹ

tanjurić

طشتری

sos

چٹنی

soljenka

سالٹ شیکر

mlin za biber

پیپرمل

ocat

سرکہ

ulje

خوردنی تیل

začini

مصالحے

kečap

کیچپ

senf

سرسوں

majoneza

مینونیز

supermarket

سُپرمارکیٹ

ponuda
خصوصی پیشکش
FOR
kupac
گاہک
mliječni proizvodi
ڈیری
voće
پھل
kolica za kupnju
ٹرالی

BUTCHERS

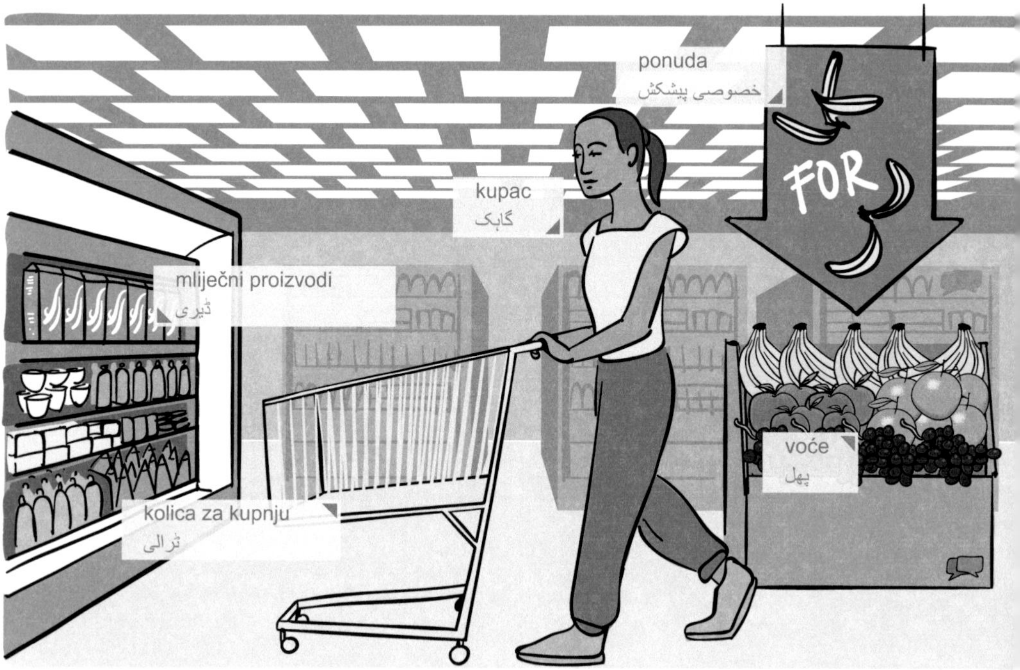

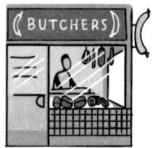

mesnica

گوشت کی دُکان

BAKERY

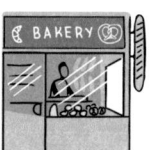

pekarnica

بیکری

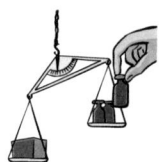

vagati

وزن کرنا

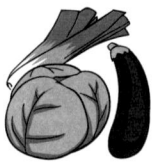

povrće

سبزیاں

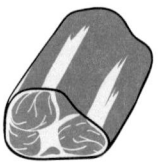

meso

گوشت

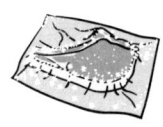

duboko smrznuta hrana

جما ہوا کھانا

narezak

کولڈ کٹس

konzerve

ڈبے میں بند کھانا

sredstvo za pranje

واشنگ پاؤڈر

slatkiši

مٹھائیاں

artikli za domaćinstvo

گھریلو مصنوعات

sredstva za čišćenje

صاف کرنے کیلئے مصنوعات

prodavačica

سیلز پرسن

blagajna

کیش رجسٹر

blagajnik

کیشنیر

lista za kupnju

خریداری کی فہرست

vrijeme rada

اوقات کار

novčanik

بٹوہ

kreditna kartica

کریڈٹ کارڈ

torba

تھیلا

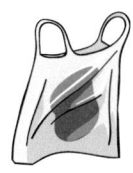

plastična vrećica

پلاسٹک کے تھیلے

voda

پانی

sok

جوس، رس

mlijeko

دودھ

cola

کوک

vino

وائن

pivo

بیئر

alkohol

الکوحل

kakao

کوکوا

čaj

چائے

kava

کافی

espresso

ایسپریسو

cappuccino

کیپاچینو

banana

کیلا

jabuka

سیب

naranča

مالٹا

lubenica

خربوزہ

limun

لیموں

mrkva

گاجر

češnjak

لہسن

bambus

بانس

luk

پیاز

gljiva

کھُمبی

orašasti plodovi

اخروٹ، بادام وغیرہ

rezanci

نوڈلز

špagete

اسپیگیٹی

riža

چاول

salata

سلاد

pomfrit

چپس

pečeni krumpir

تلے گئے آلو

pica

پیزا

hamburger

بیم برگر

sendvič

سینڈوچ

šnicla

کٹلیٹ

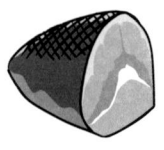

pršut

سؤرکی ران کا گوشت

salama

گوشت کی اطالوی ساسیج

kobasica

ساسیج

kokoš

مُرغی

pečenje

روسٹ

riba

مچھلی

zobene pahuljice

جئی کا دلیہ

musli

میوزلی

kukuruzne pahuljice

کارن فلیکس

brašno

آٹا

roščić

کرونیسنٹ

pecivo

بریڈ رول

kruh

بریڈ

toast

توسٹ

keksi

بسکٹ

maslac

مکھن

svježi sir

دہی

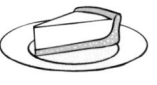

kolač

کیک

jaje

انڈا

jaje na oko

فرائی کیا گیا انڈہ

sir

پنیر

sladoled

أنس كريم

šećer

چینی

med

شہد

marmelada

جام

nugat krema

ناؤگٹ کریم

curry

سالن

seosko gazdinstvo

کھیت

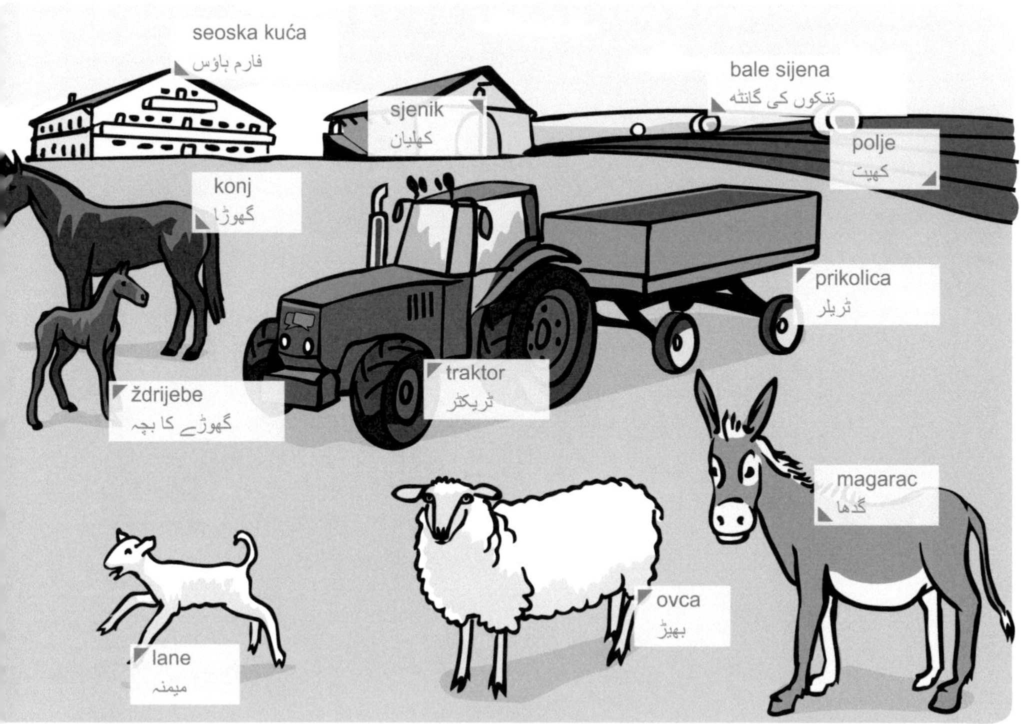
seoska kuća
فارم ہاؤس
bale sijena
تنکوں کی گانٹھ
sjenik
کھلیان
polje
کھیت
konj
گھوڑا
prikolica
ٹریلر
traktor
ٹریکٹر
ždrijebe
گھوڑے کا بچہ
magarac
گدھا
ovca
بھیڑ
lane
میمنہ

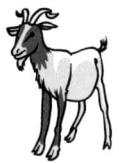

koza

بکری

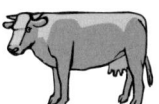

krava

گائے

tele

بچھڑا

svinja

سؤر

prase

سؤر کا بچہ

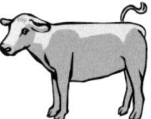

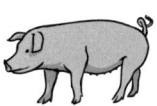

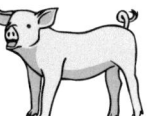

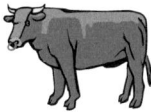

bik

سانڈ

guska

راج ہنس

patka

بطخ

pilići

چوزہ

kokoš

مُرغی

pijetao

مُرغا

pacov

چوہا

mačka

بلی

miš

چوہا

vol

بیلچہ

pas

کتا

kućica za psa

کتے کا گھر

vrtno crijevo

گارڈن ہاؤس

kanta za polijevanje

پانی کا کین

kosa

درانتی

plug

ہل

srp

درانتی

motika

بیلچہ

vilica za gnojivo

ترنگل

sjekira

کلہاڑا

tačke

ہتہ گاڑی

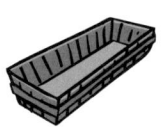

korito

حوض

posuda za mlijeko

دودھ کا کین

vreća

تھیلا

ograda

باڑ

štala

اصطبل

staklenik

گرین ہاؤس

zemlja

مٹی

sjeme

بیج

gnojivo

فرٹیلائزر

kombajn

کمبائن ہارویسٹر

žanjati

فصل کاٹنا

žetva

فصل کاٹنا

yams začin

افریقی آلو

pšenica

گندم

soja

سویا

krumpir

آلو

kukuruz

مکئی

uljana repica

توریا کا تیل

voćka

پھلدار درخت

gomolj manioke

کساوا

žitarice

دلیہ

kuća

مکان

dimnjak
چمنی

krov
چھت

žlijeb
نیچےجانےوالا پائپ

prozor
کھڑکی

garaža
گیراج

zvono
دروازےکی گھنٹی

vrata
دروازہ

korpa za otpad
کوڑےکی ٹوکری

poštansko sanduče
لیٹرباکس

vrt
گارڈن

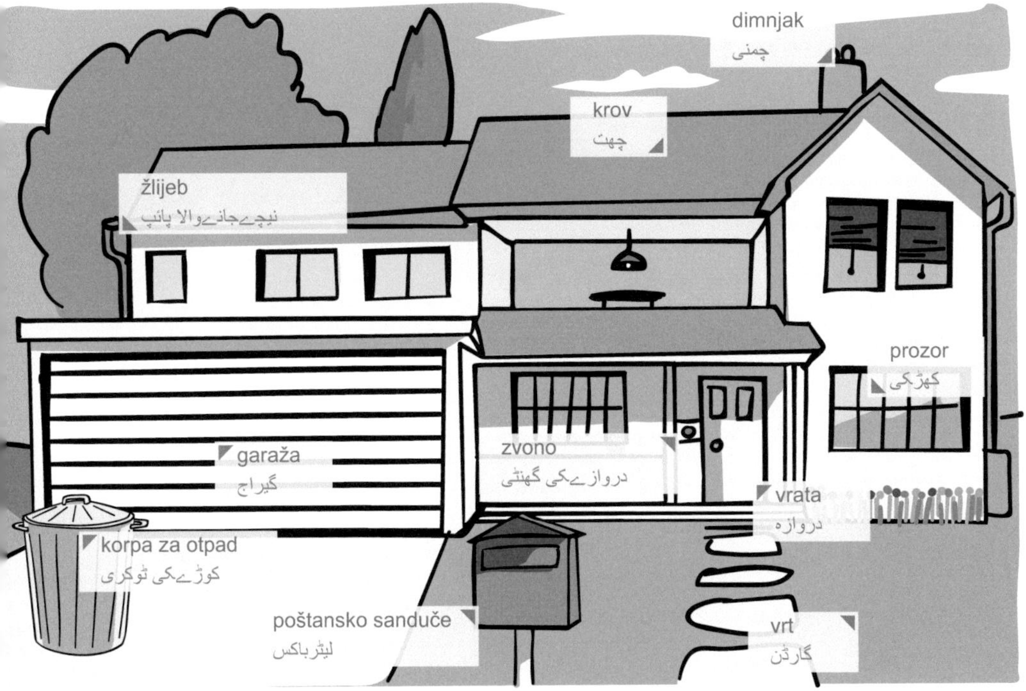

dnevna soba

لوونگ روم

kupaonica

غسل خانہ

kuhinja

باورچی خانہ

spavaća soba

بیڈروم

dječija soba

بچوں کا کمرہ

trpezarija

کھانےکا کمرہ

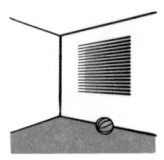

pod

فرش

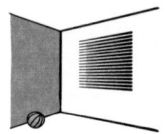

zid

دیوار

strop

چھت

podrum

تہ خانہ

sauna

سونا

balkon

بالکونی

terasa

ٹیریس

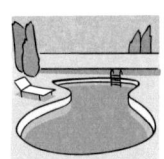

bazen

پول

kosilica za travu

گھاس کاٹنے کی مشین

posteljina za krevet

چادر

deka za krevet

چادر

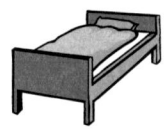

krevet

بستر

metla

جھاڑو

kanta

بالٹی

sklopka

سوئچ

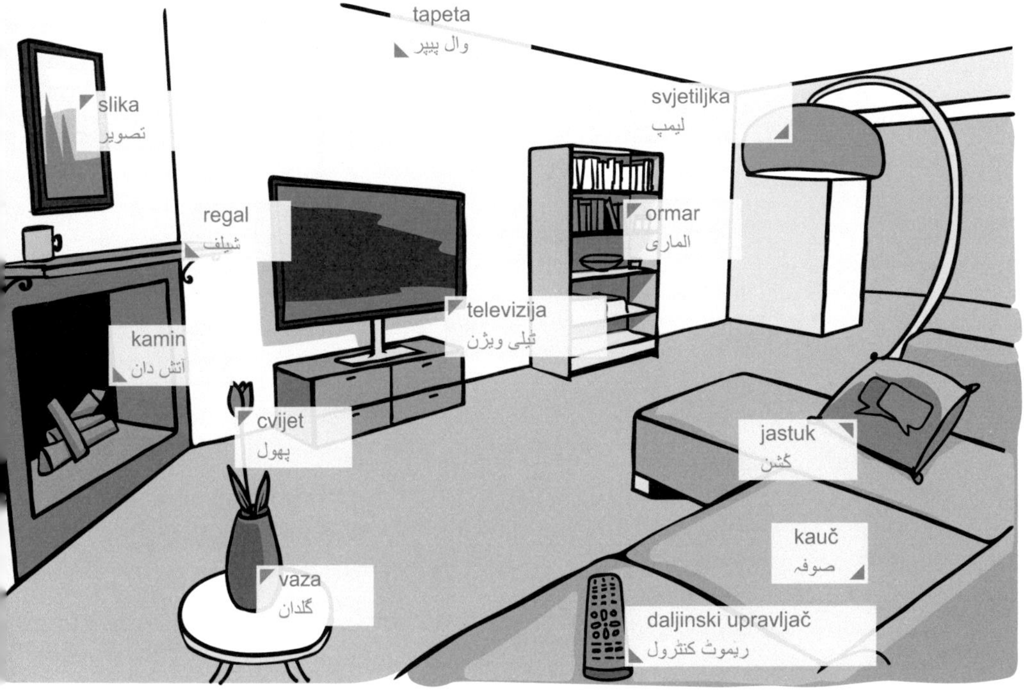

tapeta
وال پیپر

slika
تصویر

svjetiljka
لیمپ

regal
شیلف

ormar
الماری

kamin
آتش دان

televizija
ٹیلی ویژن

cvijet
پھول

jastuk
کشن

kauč
صوفہ

vaza
گلدان

daljinski upravljač
ریموٹ کنٹرول

tepih

قالین

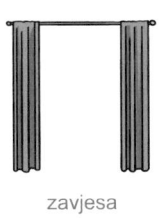

zavjesa

پردے

stol

میز

stolica

گرسی

stolica za njihanje

بلنےوالی گرسی

fotelja

آرام گرسی

knjiga

کتاب

deka

کمبل

dekoracija

آرائش

drvo za ogrjev

جلانےکی لکڑی

film

فلم

stereo uređaj

ہائی فائی

ključ

چابی

novine

اخبار

slika na platnu

پینٹنگ

poster

پوسٹر

radio

ریڈیو

blok za pisanje

نوٹ بُک

usisavač

ویکیوم کلینر

kaktus

کیکٹس

svijeća

موم بتّی

kuhinja

باورچی خانہ

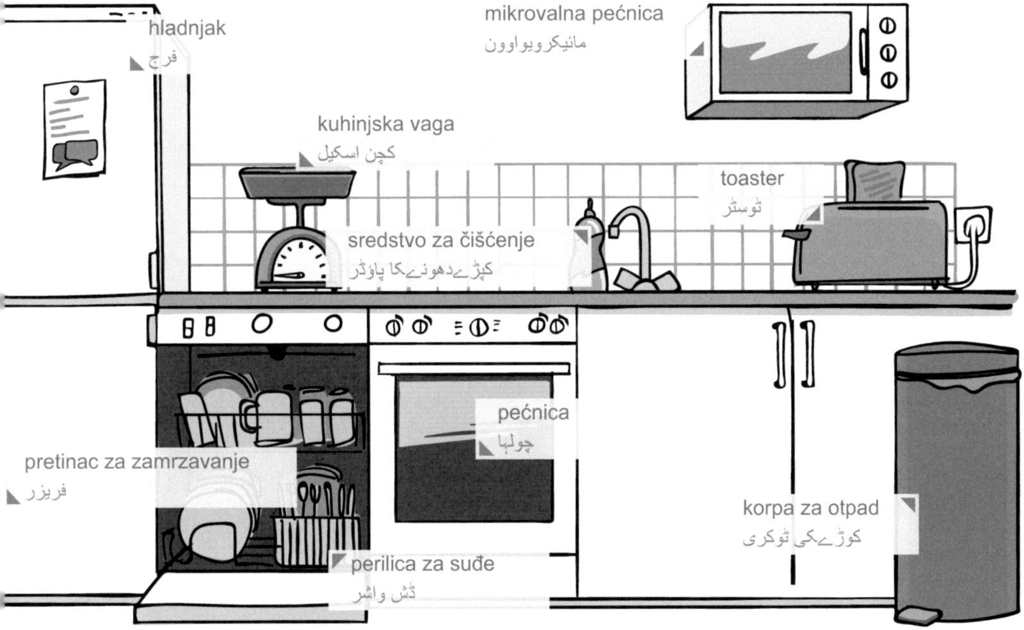

hladnjak
فرج
mikrovalna pećnica
مائیکروویواوون
kuhinjska vaga
کچن اسکیل
toaster
ٹوسٹر
sredstvo za čišćenje
کپڑےدھونےکا پاؤڈر
pećnica
چولہا
pretinac za zamrzavanje
فریزر
korpa za otpad
کوڑےکی ٹوکری
perilica za suđe
ڈش واشر

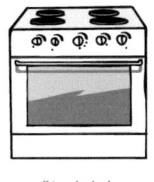

štednjak

ککر

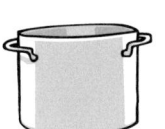

lonac

برتن

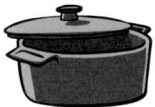

željezni lonac

لوہےکا برتن

wok / kadai

کڑاہی

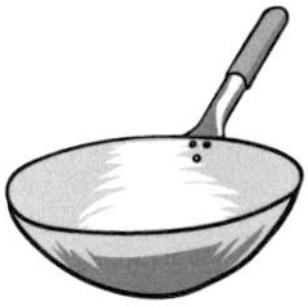

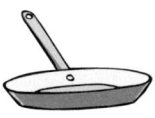

tava

برتن

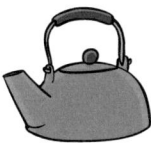

kuhalo za vodu

کیتلی

kuhalo na paru

استیمر

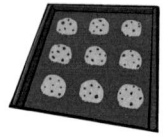

lim za pečenje

بیکنگ ٹرے

posuđe

کراکری

čaša

مگ

zdjela

پیالہ

štapići za jelo

چاپ اسٹکس

kutljača

ڈوئی

lopatica

کفچہ

pjenjača

جھاڑو دینا

sito za kuhanje

مقطر

sito

چھلنی

ribež

گریتر

mužar

کونڈی

roštilj

باربی کیو

ognjište

کھلی اگ

daska

چاپنگ بورڈ

oklagija

بیلن

vadičep

کارک اسکریو

konzerva

کین

otvarač konzervi

کین اوپنر

krpa za lonac

برتَن پکڑنےوالا کپڑا

sudoper

سنک

četka

برش

spužva

اسپونج

mikser

بلینڈر

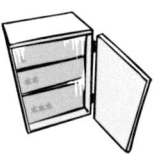

zamrzivač

ڈیپ فریز

bočica za bebe

بچےکی بوتل

slavina za vodu

ٹونٹی

tuš
شاور

grijanje
بيثنگ

ručnik
توليه

zavjesa za tuš
شاوركرٹن

pjenušava kupka
بيل باته

kada
باته ٹب

čaša
شيشم

perilica za rublje
واشنگ مشين

slavina za vodu
ٹونٹی

pločice
ٹائلس

djećja kahlica
پاٹی

sudoper
سنک

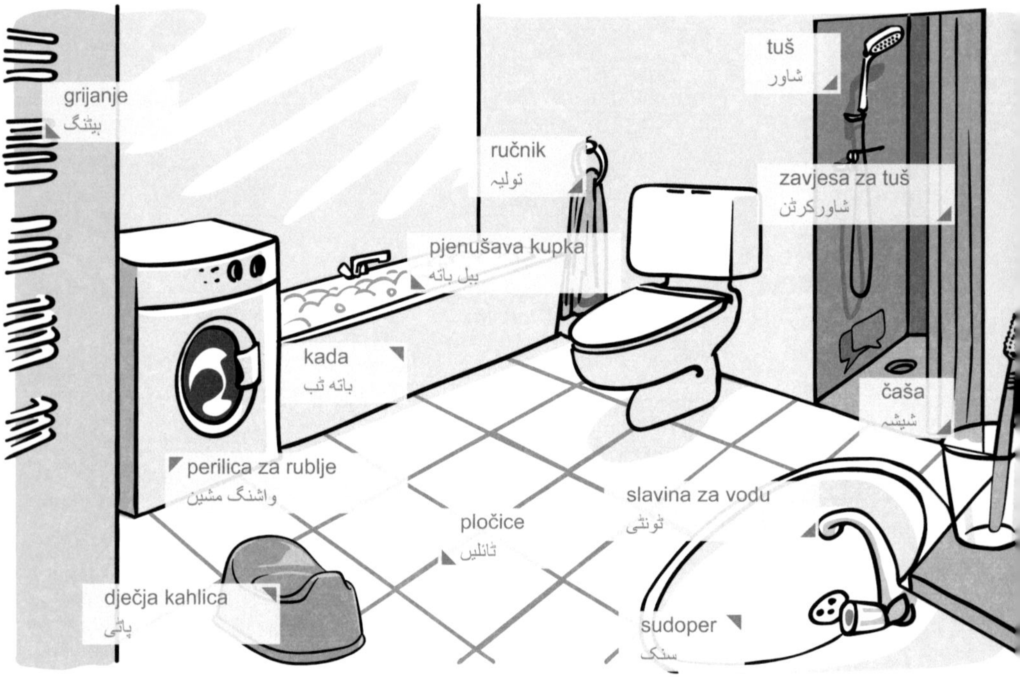

toalet
ٹائلٹ

čučavac
دوزانوں بيٹھنےوالی ٹائلٹ

bidet
نچلاحصہ دھونےكیلئے پات

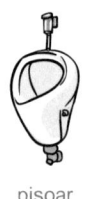

pisoar
پیشاب گاہ

papir za toalet
ٹائلٹ پيپر

četka za toalet
ٹائلٹ برش

četkica za zube

تووتهٔ برش

pasta za zube

تووتهٔ پیست

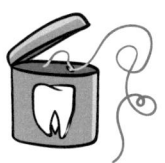

konac za zube

ڈینتل فلاس

prati

دهونا

tuš ručica

بیندّ شاور

tuš za pranje intimnih dijelova

شاور

lavor

بیسن

četka za pranje leđa

بیک برش

sapun

صابن

gel za tuširanje

شاورجل

šampon

شیمپو

krpa za pranje

فلالین

odvod

ڈرین

krema

کریم

dezodorans

ڈیوڈورنٹ

ogledalo

أئينه

kozmetičko ogledalo

ہاتھ میں پکڑا جانےوالا أئينہ

brijač

ریزر

pjena za brijanje

شیونگ فوم

losion za poslije brijanja

آفترشیو

češalj

کنگھی

četka

برش

sušilo za kosu

ہیئرڈرائر

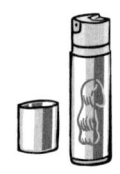

sprej za kosu

ہیئراسپرے

makeup

میک اپ

ruž za usne

لپ اسٹک

lak za nokte

نیل وارنش

vata

روئی

škare za nokte

ناخن کاٹنےکی قینچی

parfem

پرفیوم

neseser

واش بیگ

stolica

پاخانہ

vaga

وزن کرنےکی مشین

ogrtač

باتھ روب

rukavice za čišćenje

ربڑ کے دستانے

tampon

ٹیمپون

uložak

سینیٹری ٹاول

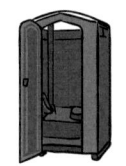

kemijski toalet

کیمیکل ٹائلٹ

dječija soba
بچوں کا کمرہ

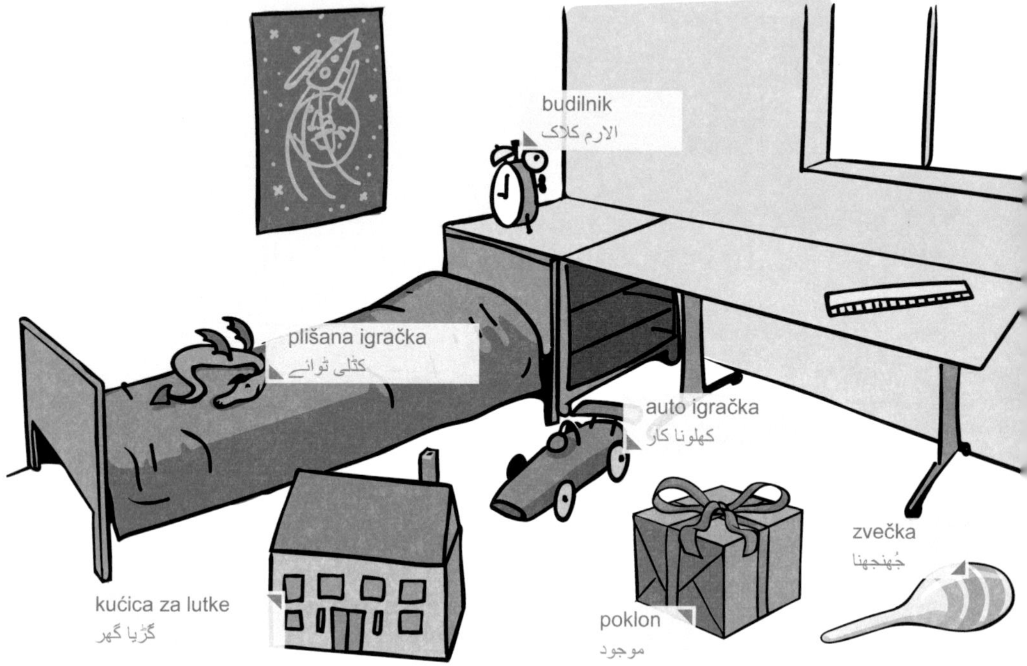

budilnik
الارم کلاک
plišana igračka
کڈلی ٹوائے
auto igračka
کھلونا کار
zvečka
جُھنجھنا
kućica za lutke
گڑیا گھر
poklon
موجود

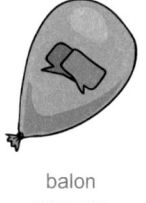

balon

غبارہ

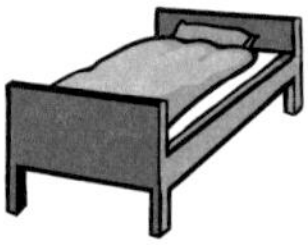

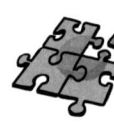

krevet

بستر

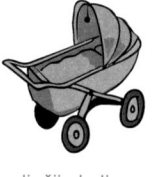

dječija kolica

پرام

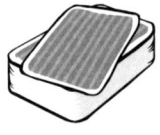

igra s kartama

ڈیک آف کارڈز

slagalica

جگسا

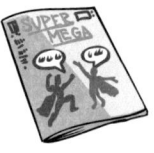

strip

کامک

lego kockice

لیگو بریکس

kockice za slaganje

کھلونا بلاکس

akcioni junak

ایکشن فگر

kombinezon za bebe

بچےکا لباس

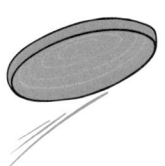

frizbi

فرسبی

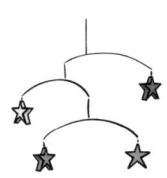

viseće igračke

کھلونا موبائل

društvene igre

بورڈ گیم

kocka

ڈائس

minijaturna željeznica

ماڈل ترین سیٹ

duda

ڈمی

tulum

پارٹی

slikovnica

تصاویروالی کتاب

lopta

گیند

lutka

گڑیا

igrati

کھیلنا

pješčanik

سینڈ پٹ

ljuljačka

جھولا جھولنا

igračka

کھلونے

konzola za igre

وڈیوگیم کنسول

tricikl

تین پہیوں والی سائیکل

plišani medo

ٹیڈی بیئر

ormar

کپڑوں کی الماری

kratke čarape

موزے

čarape

اسٹاکنگز

hulahopke

ٹائٹس

šal
اسکارف

kišobran
چھتری

t-shirt
ٹی شرٹ

kaiš
بیلٹ

čizme
بوٹ

papuče
سلیپر

patike
اسنیکرز

sandale
سینڈل

cipele
جوتے

gumene čizme
ربڑکےبوٹس

gaćice
زیرجامہ

grudnjak
بریزنیر

potkošulja
واسکٹ

bodi

جسم

hlače

پتلون

džins

جینز

haljina

اسکرٹ

bluza

بلاؤز

košulja

قمیض

džemper

پُل اوور

pulover s kapuljačom

سویٹر

blejzer

بلیزر

jakna

جیکٹ

kaput

کوٹ

kabanica

رین کوٹ

kostim

کوئی خاص لباس

haljina

لباس

vjenčanica

شادی کا لباس

odijelo

سوٹ

spavaćica

نائٹ گاؤن

pidžama

پاجامہ

sari

ساڑھی

rubac

سرپرلیا جانےوالا اسکارف

turban

پگڑی

burka

بُرقع

kaftan

کفتان

abaja

عبایہ

kupaći kostim

تیراکی کا سوٹ

kupaće gaćice

ٹرنک

kratke hlače

نیکر

odjeća za trening

ٹریک سوٹ

pregača

ایپرن

rukavice

دستانے

gumb

بٹن

naočale

عینک

narukvica

کنگن

ogrlica

ہار

prsten

انگوٹھی

naušnica

کانوں کی بالیاں

kapa

ٹوپی

vješalica

کوٹ ہینگر

šešir

ہیٹ

kravata

ٹائی

patent zatvarač

زپ

kaciga

ہیلمٹ

naramenice

بریسز

školska uniforma

سکول یونیفارم

uniforma

وردی

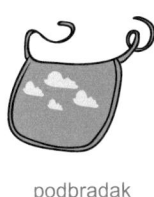

podbradak

بب

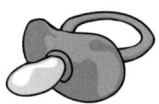

duda

ڈمی

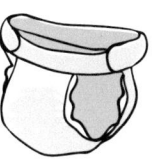

pelena

نیپی

ured

دفتر

server
سرور
ormar za spise
فائلوں کی الماری
pisač
پرنٹر
papir
کاغذ
monitor
مانیٹر
miš
ماؤس
pisaći stol
میز
mapa
فولڈر
tipkovnica
کی بورڈ
stolica
کُرسی
košara za papir
ویسٹ پیپرباسکٹ
računar
کمپیوٹر

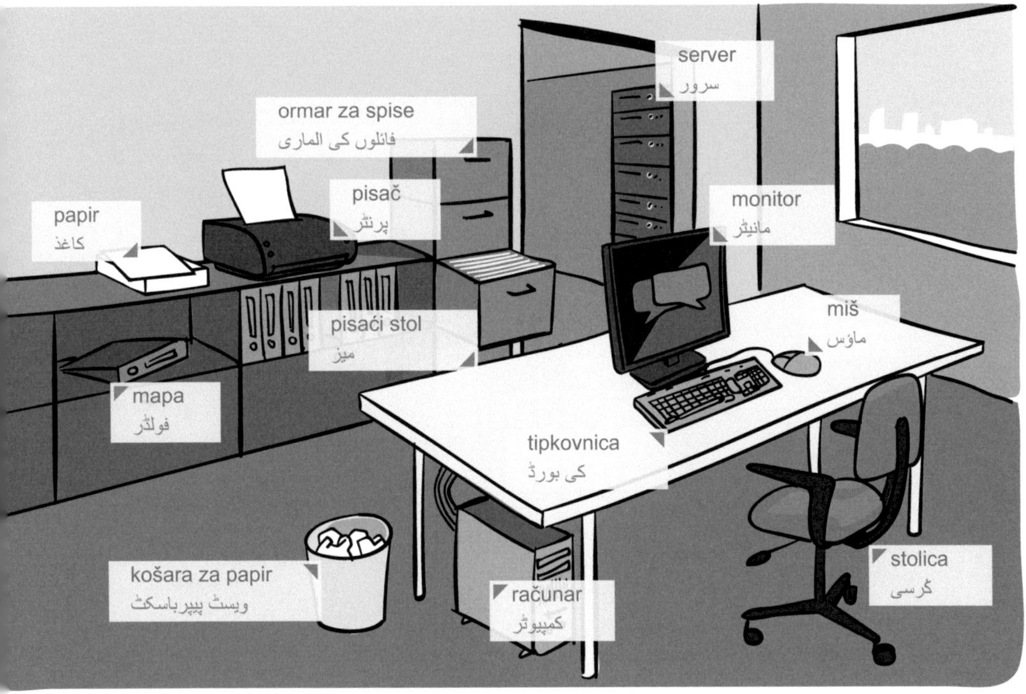

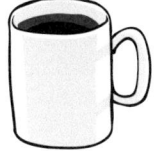

šalica za kavu

کافی مگ

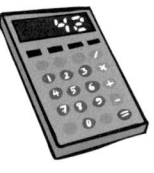

kalkulator

کیلکولیٹر

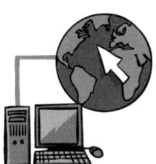

internet

انٹرنیٹ

laptop

لیپ تاپ

pismo

خط

poruka

پیغام

mobilni telefon

موبائل

mreža

نیٹ ورک

uređaj za kopiranje

فوٹوکاپئیر

softver

سافٹ وئیر

telefon

ٹیلی فون

utičnica

پلگ ساکٹ

faks

فیکس مشین

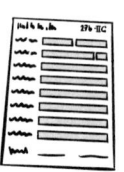

obrazac

فارم

dokument

دستاویز

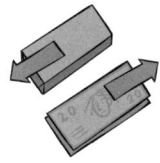

kupovati

خریدنا

platiti

ادائیگی کرنا

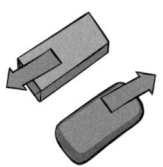

trgovati

تجارت کرنا

novac

رقم

dolar

ڈالر

euro

یورو

jen

ین

rubalj

روبل

švicarski franak

سوئس فرانک

renmindbi yuan

رینمنبی یوان

rupija

روپیہ

automat za novac

کیش پوائنٹ

mjenjačnica

رقم تبدیل کرانے کیلئے دفتر

zlato

سونا

srebro

چاندی

nafta

خام تیل

energija

توانائی

cijena

قیمت

ugovor

معاہدہ

porez

ٹیکس

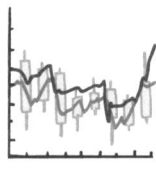

dionica

اسٹاک

raditi

کام کرنا

službenik

ملازم

poslodavac

أجر

tvornica

فیکٹری

prodavaonica

دکان

zanimanja

پیشے

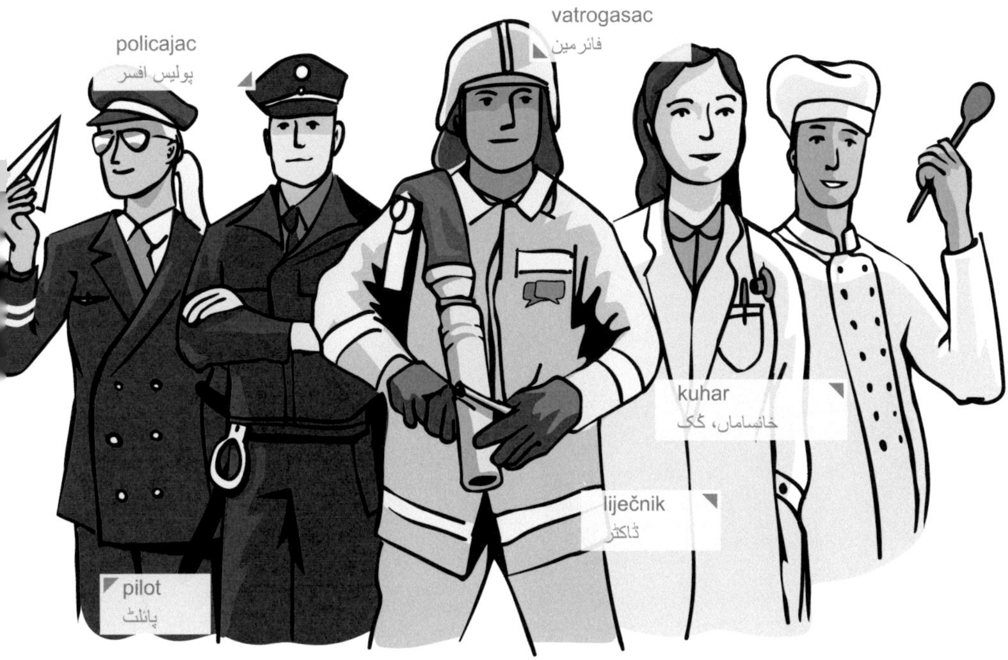
policajac
پولیس افسر
vatrogasac
فائرمین
kuhar
خانساماں، کُک
liječnik
ڈاکٹر
pilot
پائلٹ

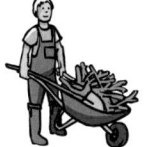

vrtlar

مالی

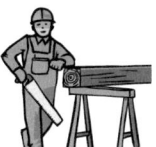

stolar

ترکھان

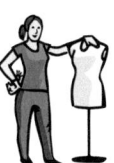

krojačica

درزن

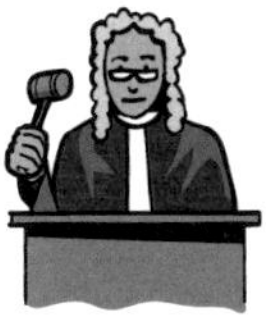

sudija

جج

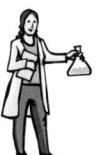

kemičar

کیمسٹ

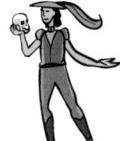

glumac

اداکار

vozač autobusa

بس ڈرائیور

vozač taksija

ٹیکسی ڈرائیور

ribar

مچھیرا

čistačica

صفائی کرنےوالی عورت

krovopokrivač

چھت بنانےوالا

konobar

ویٹر

lovac

شکاری

slikar

پینٹر

pekar

بیکر

električar

الیکٹریشین

građevinski radnik

بلڈر

inženjer

انجینئر

mesar

قصائی

limar

پلمبر

poštar

ڈاکیا

vojnik

سپاہی

arhitekta

آرکیٹیکٹ

blagajnik

کیشیئر

cvjećar

پھول بیچنےوالا

frizer

نائی

kondukter

کنڈکٹر

mehaničar

مکینک

kapetan

کپتان

zubar

ڈینٹسٹ

znanstvenik

سائنسدان

rabi

یہودی عالم

imam

امام

monah

راہب

svećenik

پادری

alati

اوزار

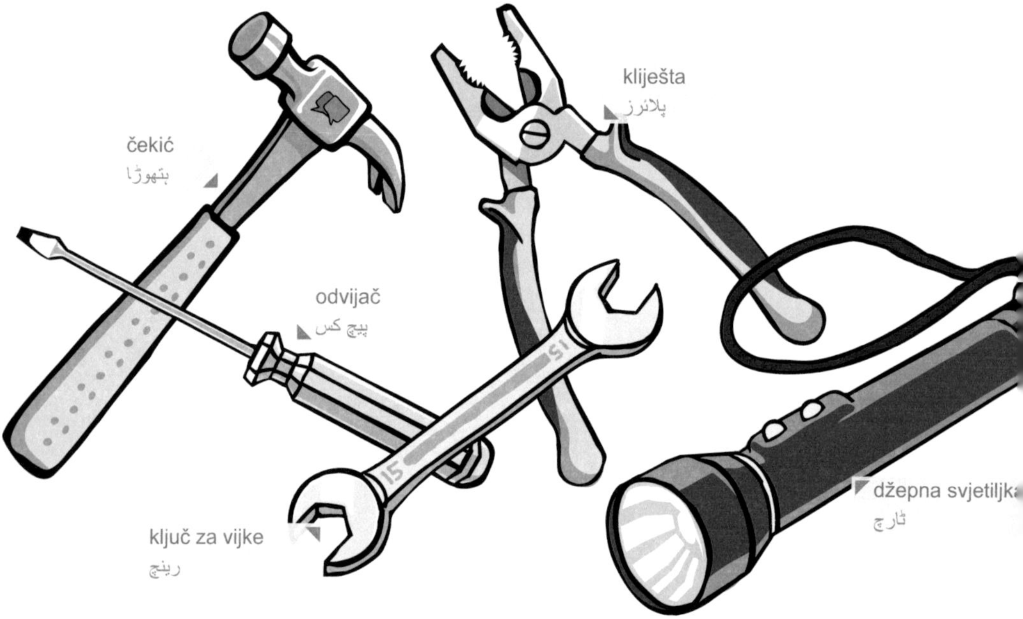
kliješta
پلائرز
čekić
ہتھوڑا
odvijač
پیچ کس
džepna svjetiljka
ٹارچ
ključ za vijke
رینچ

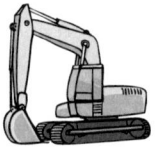

rovokopač

ایکسکویٹر

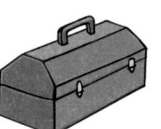

kutija za alat

ٹول باکس

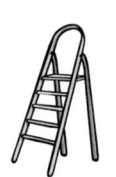

ljestve

سیڑھی

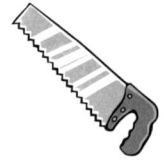

pila

آری

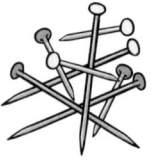

ekser

کیل

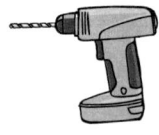

bušilica

ڈرل

popraviti

مرمت کرنا

lopata

بیلچہ

Sranje!

لعنت ہو!

lopatica

ٹَسٹ پین

lonac za boju

پینٹ پاٹ

vijci

پیچ

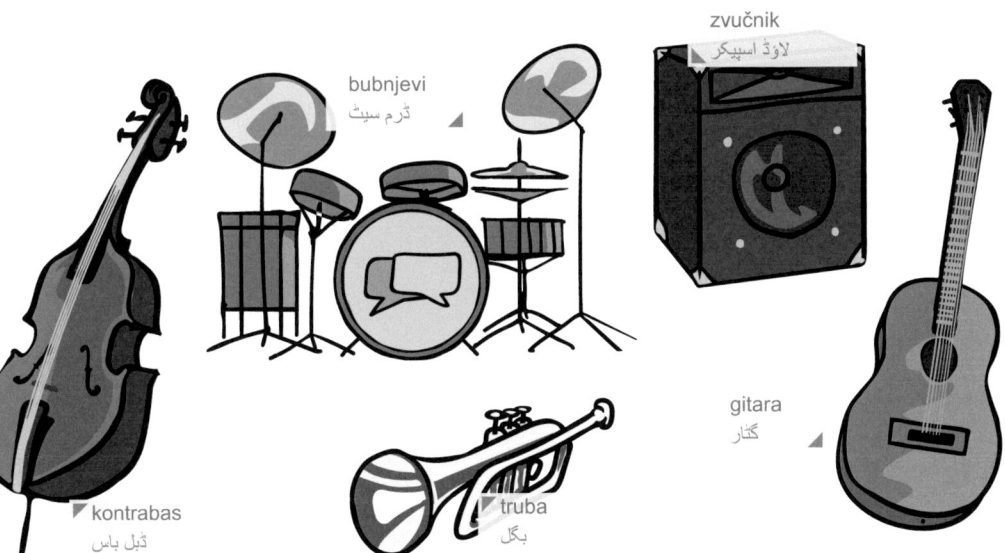

zvučnik
لاوڈ اسپیکر

bubnjevi
ڈرم سیٹ

gitara
گٹار

kontrabas
ڈبل باس

truba
بگل

klavir

پیانو

violina

واٸلن

bas

موسیقی کی آواز

timpani

تمپانی

udaraljke za bubnjeve

ڈھول، ڈرمز

keyboard

کی بورڈ

saksofon

سیکسوفون

flauta

بانسری

mikrofon

مائیکروفون

zoološki vrt

چڑیا گھر

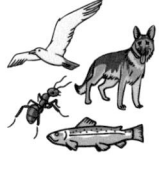

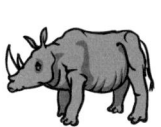

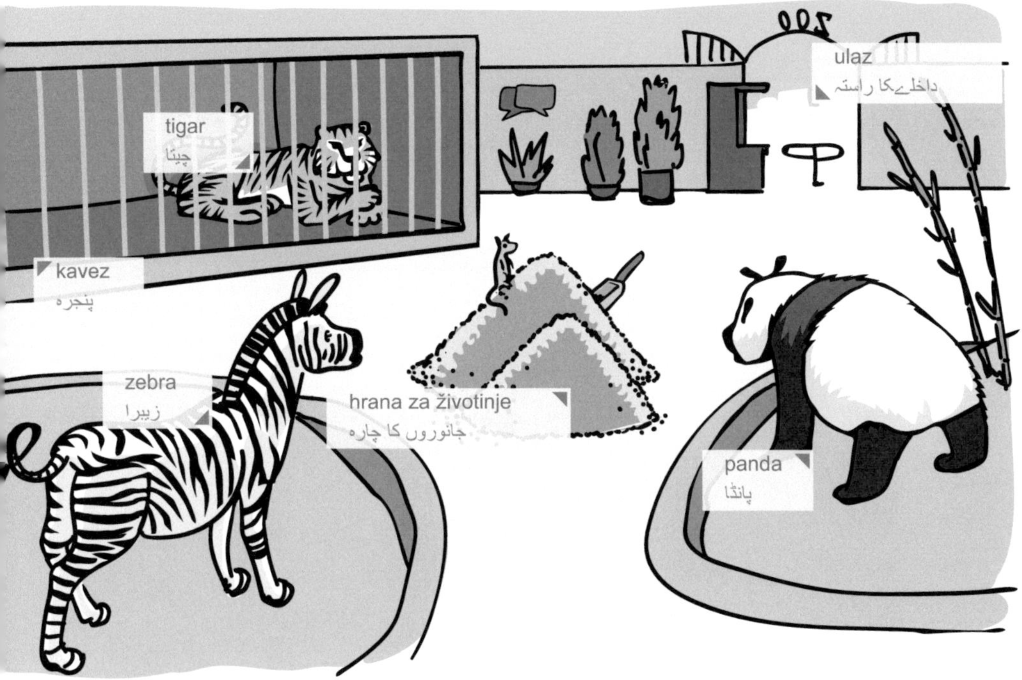
ulaz
داخلے کا راستہ
tigar
چیتا
kavez
پنجرہ
zebra
زیبرا
hrana za životinje
جانوروں کا چارہ
panda
پانڈا

životinje

جانور

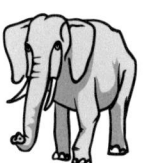

slon

ہاتھی

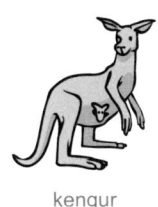

kengur

کینگرو

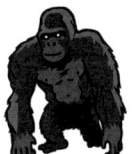

nosorog

گینڈا

gorila

گوریلا

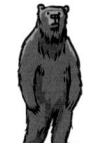

medvjed

ریچھ

kamila

اونٹ

noj

شُترمُرغ

lav

شیر

majmun

بندر

flamingo

فلیمنگو

papagaj

طوطا

polarni medvjed

قطبی ریچھ

pingvin

کبوتر

ajkula

شارک

paun

مور

zmija

سانپ

krokodil

مگرمچھ

čuvar u zoološkom vrtu

چڑیا گھر کا محافظ

tuljan

سیل

jaguar

امریکی تیندوا

poni

تٹو

leopard

چیتا

nilski konj

دریائی گھوڑا

žirafa

زرافہ

orao

عقاب

divlja svinja

سؤر

riba

مچھلی

kornjača

کچھوا

morž

سمندری گھوڑا

lisica

لومڑی

gazela

غزال برن

američki nogomet
امریکن فٹ بال

biciklizam
سائیکلنگ

tenis
ٹینس

košarka
باسکٹ بال

plivanje
پیراکی

hockey na ledu
آئس ہاکی

boks
باکسنگ

nogomet
فٹ بال

badminton
بیڈمنٹن

atletika
اتھلیٹکس

rukomet
بینڈ بال

skijanje
اسکیئنگ

polo
پولو

aktivnosti
سرگرمیاں

očiti
چھلانگ ل
zagrliti
گلے لگانا
smijati se
ہنسنا
ići
چلنا
pjevati
گانا
sanjati
خواب دیکھنا
moliti se
دُعا کرنا
poljubiti
چُومنا

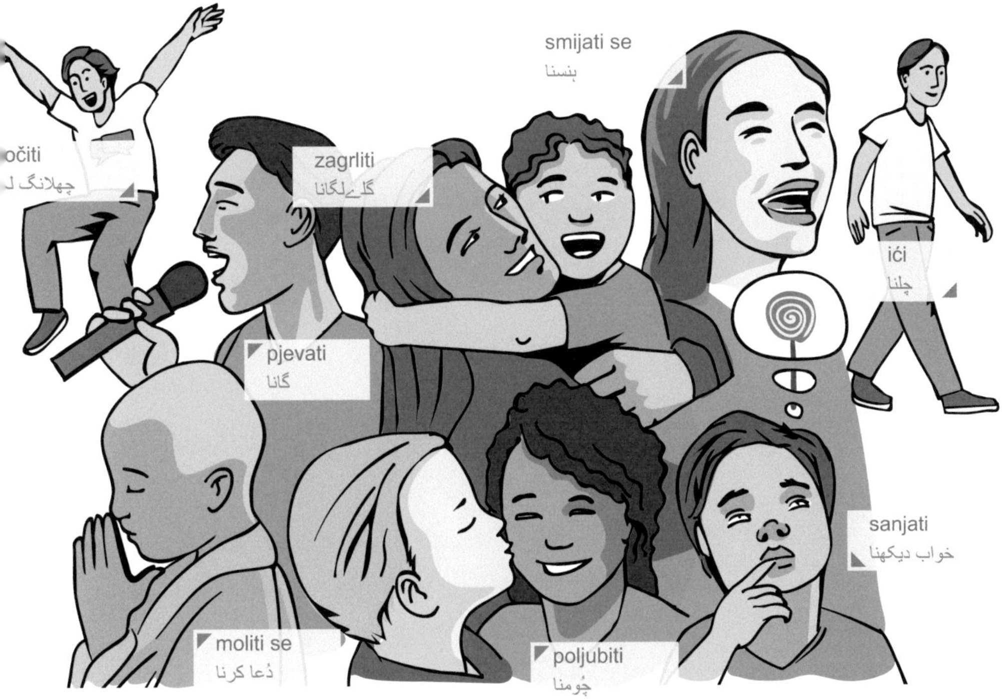

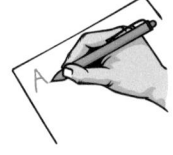

pisati

لکھنا

crtati

تصویرکشی کرنا

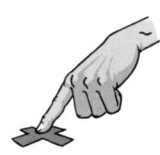

pokazati

دکھانا

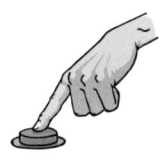

gurati

آگے کی طرف دھکیلنا

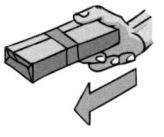

dati

دینا

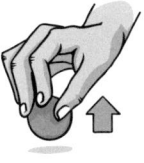

uzeti

لینا

imati

ركھنا

činiti

کرنا

biti

ہونا

stojati

کھڑا ہونا

trčati

دوڑنا

povlačiti

کھینچنا

baciti

پھینکنا

padati

گرنا

ležati

جھوٹ بولنا

čekati

انتظار کرنا

nositi

اٹھانا

sjediti

بیٹھنا

oblačiti

ملبوس ہونا

spavati

سونا

probuditi se

جاگنا

gledati

دیکھنا

plakati

رونا

milovati

چوٹ لگانا

češljati

کنگھی کرنا

govoriti

بات کرنا

razumjeti

سمجھنا

pitati

پوچھنا

slušati

مُتوجہ ہونا

piti

پینا

jesti

کھانا

pospremiti

صاف کرنا

voljeti

پیار کرنا

kuhati

پکانا

voziti

گاڑی چلانا

letjeti

اڑنا

ploviti

بحری سفرکرنا

računati

شمارکریں

čitati

پڑھنا

učiti

سیکھنا

raditi

کام کرنا

vjenčati se

شادی کرنا

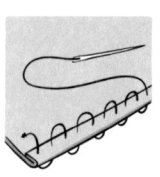

šiti

سینا

prati zube

دانت صاف کرنا

ubiti

جان سے ماردینا

pušiti

تمباکونوشی کرنا

poslati

بھیجنا

obitelj

خاندان

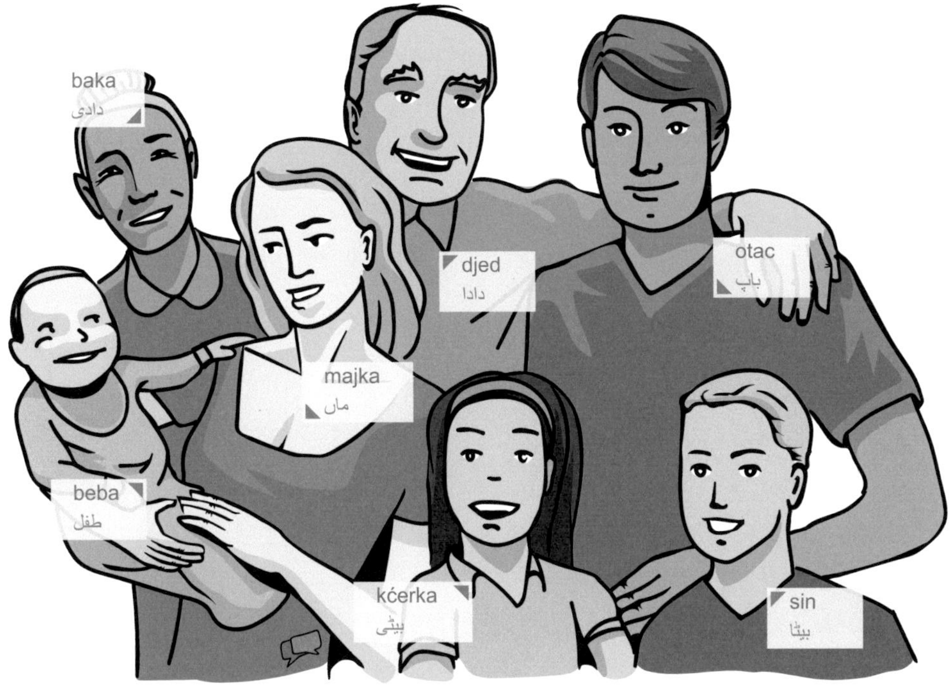

baka
دادی
djed
دادا
otac
باپ
majka
ماں
beba
طفل
kćerka
بیٹی
sin
بیٹا

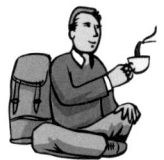

gost

مہمان

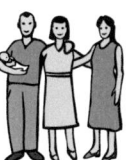

tetka

چچی

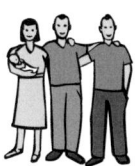

ujak, stric

چچا

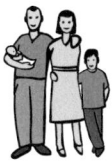

brat

بھائی

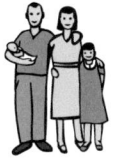

sestra

بہن

tijelo

جسم

čelo
ماتھا
oko
آنکہ
lice
چہرہ
brada
ٹھوڑی
grudi
چھاتی
prst
انگلی
ruka
ہاتھ
ruka
بازو
rame
کندھا
noga
ٹانگ

beba

طفل

muškarac

آدمی

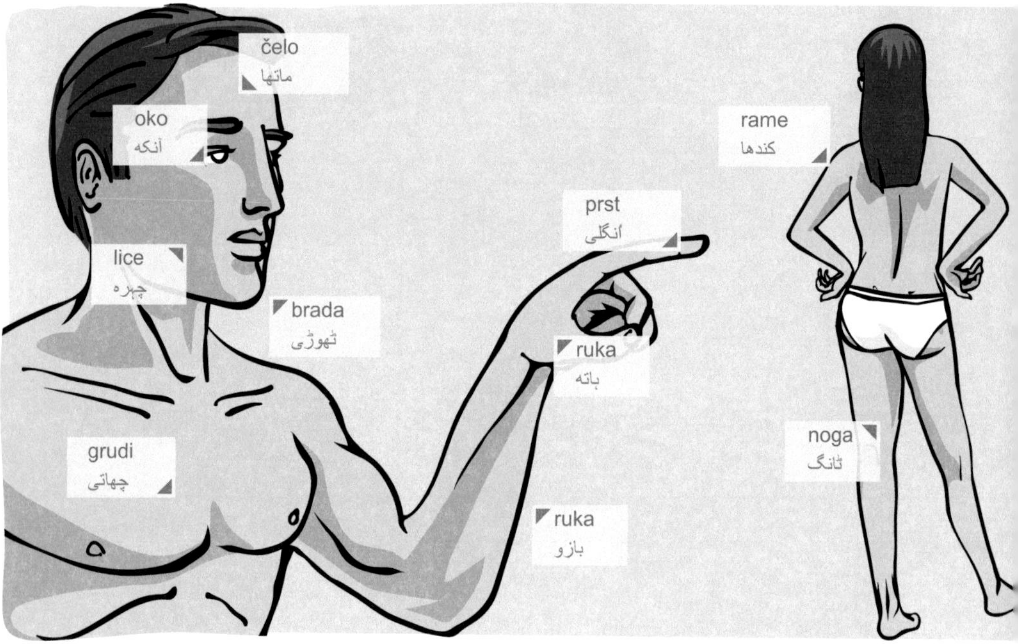

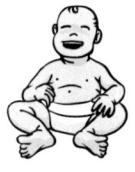

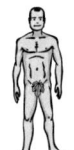

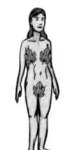

žena

عورت

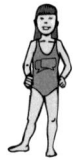

djevojčica

لڑکی

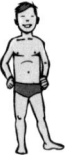

dječak

لڑکا

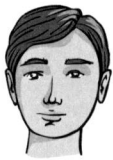

glava

سر

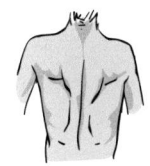

leđa

کمر

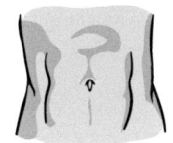

trbuh

پیٹ

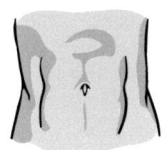

pupak

ناف

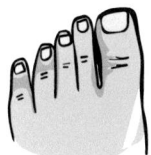

nožni prst

پاؤں کا انگوٹھا

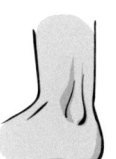

peta

ایڑھی

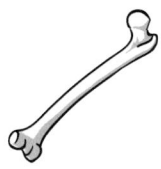

kost

ہڈی

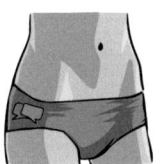

kuk

کولہا

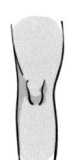

koljeno

گھٹنا

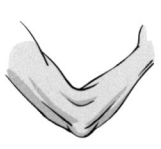

lakat

کہنی

nos

ناک

stražnjica

نچلا حصہ

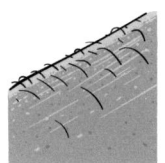

koža

جلد

obraz

گال

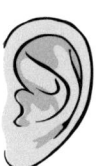

uho

کان

usna

ہونٹ

usta

مُنہ

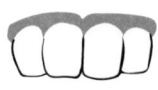

zub

دانت

jezik

زبان

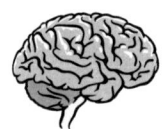

mozak

دماغ

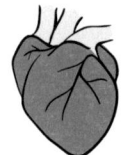

srce

دل

mišić

پٹھہ

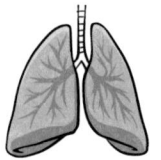

pluća

پھیپھڑا

jetra

جگر

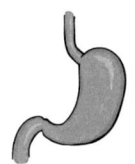

želudac

معدہ

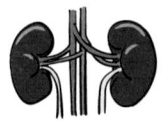

bubrezi

گردے

snošaj

جنس

kondom

کنڈوم

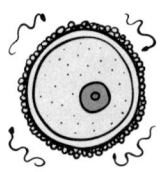

jajna stanica

بیضہ

sperma

مادہ منویہ

trudnoća

حمل

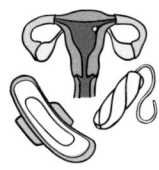

menstruacija

حیض

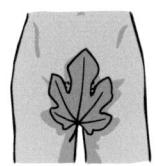

vagina

اندام نهانی

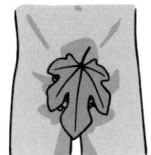

penis

عضو تناسل

obrva

بهنوبس

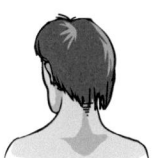

kosa

بال

vrat

گردن

bolnica

ہسپتال

bolnica
ہسپتال
bolničko vozilo
ایمبولینس
invalidska kolica
وہیل چیئر
lom
ہڈی ٹوٹنا

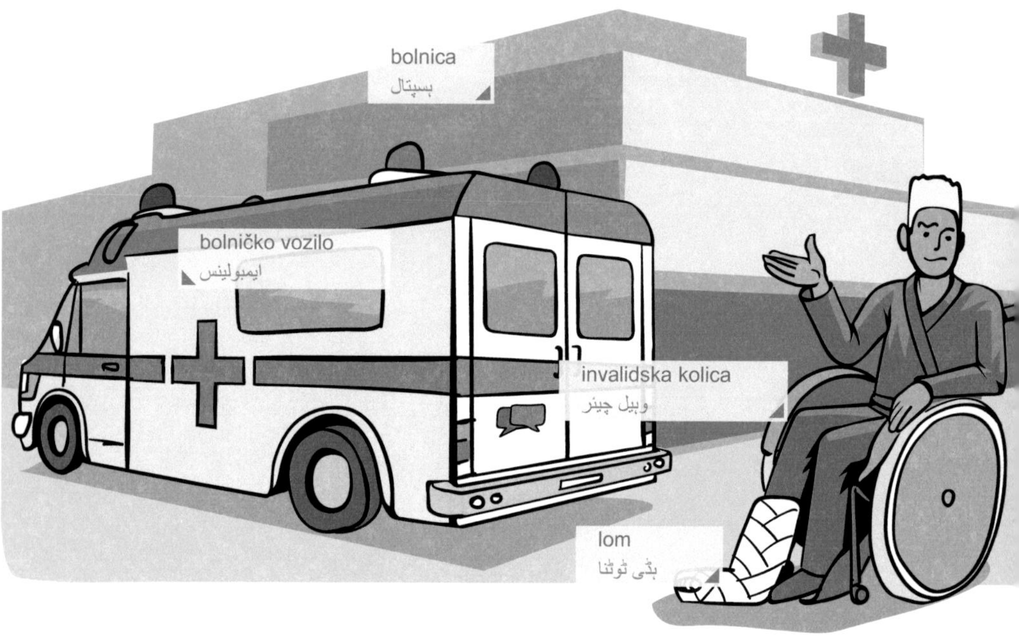

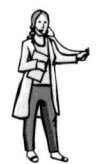

liječnik

ڈاکٹر

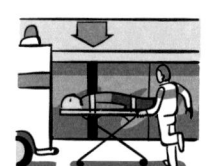

hitna medicinska služba

ہنگامی کمرہ

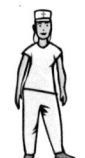

medicinska sestra

نرس

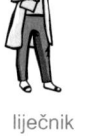

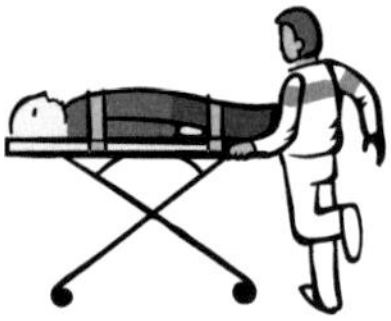

hitni slučaj

ہنگامی صورتحال

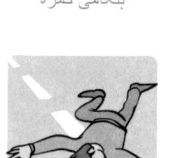

nesvijest

بےہوش

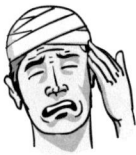

bol

درد

ozljeda

زخم

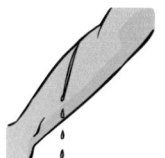

krvarenje

خون بہنا

srćani infarkt

دل کا دورہ

moždani udar

فالج

alergija

الرجی

kašalj

کھانسی

groznica

بخار

gripa

زکام

proljev

اسہال

glavobolja

سردرد

rak

کینسر

dijabetes

ذیابیطس

kirurg

سرجن

skalpel

نشتر

operacija

آپریشن

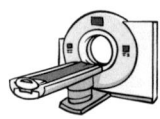

ct

سی ٹی

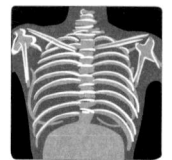

rentgen

ایکس رے

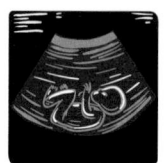

ultrazvuk

الٹرا ساؤنڈ

maska

چہرے کا نقاب

bolest

بیماری

čekaonica

انتظارگاہ

štaka

بیساکھی

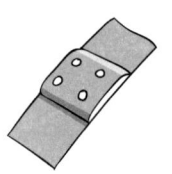

flaster

پلاسٹر

zavoj

پٹّی

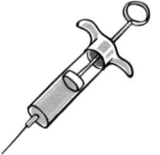

injekcija

انجکشن

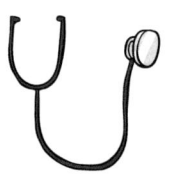

stetoskop

استیتھواسکوپ

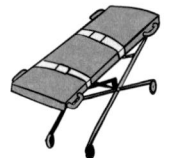

nosilo

اسٹریچر

termometar

مطبی تھرما میٹر

rođenje

پیدائش

prekomjerna težina

حد سے زیادہ وزن

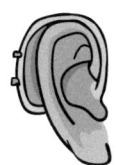

slušni aparat

آلہ سماعت

sredstvo za dezinfekciju

جراثیم کش

infekcija

انفیکشن

virus

وائرس

hiv / sida

ایچ اںی وی/ ایڈَز

medicina

دوا

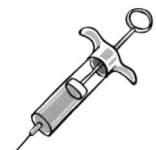

vakcinacija

ویکسی نیشن

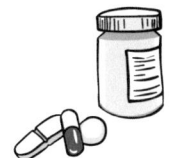

tablete

گولیاں

pilula

گولی

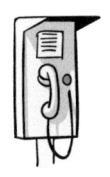

poziv u pomoć

بنگامی کال

uređaj za mjerenje tlaka

بلڈ پریشرمانیٹر

bolesno / zdravo

بیمار / صحتَمند

pomoć!

مدد!

alarm

الارم

nasrtaj

مُجرمانه حمله

napad

حمله

opasnost

خطره

izlaz za nuždu

هنگامی راسته

požar!

اگ!

vatrogasni aparat

اگ بُجهانے والہ الہ

nezgoda

حادثه

kofer prve pomoći

ابتدائی طبی امداد کی کٹ

sos

ایس اوایس

policija

پولیس

Europa

یورپ

sjeverna amerika

شمالی امریک

južna amerika

جنوبی امریک

Afrika

افریقہ

Azija

ایشیا

Australija

أستریلیا

Atlantik

بحر اوقیانوس

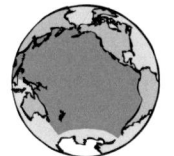

Pacifik

بحر الکابل

ocean

بحربند

antarktički ocean

بحرقُطب جنوبی

arktički ocean

بحرقُطب شمالی

sjeverni pol

قُطب شمالی

južni pol

قُطب جنوبی

Antarktik

انٹارکٹیکا

zemlja

زمین

zemlja

زمین

more

سمندر

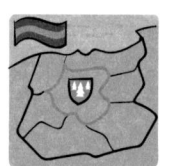

otok

جزیرہ

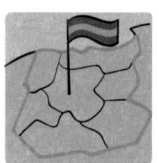

nacija

قوم

država

ریاست

zemlja - زمین

brojčanik sata

کلاک کا سامنے کا حصہ

satna kazaljka

گھنٹوں والی سوئی

minutna kazaljka

منٹوں والی سوئی

sekundna kazaljka

سیکنڈ ہینڈ

Koliko je sati?

کیا وقت ہوا ہے؟

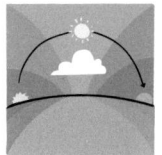

dan

دن

vrijeme

وقت

sada

اب

digitalni sat

ڈیجیٹل گھڑی

minuta

منٹ

sat

گھنٹہ

tjedan

بفتہ

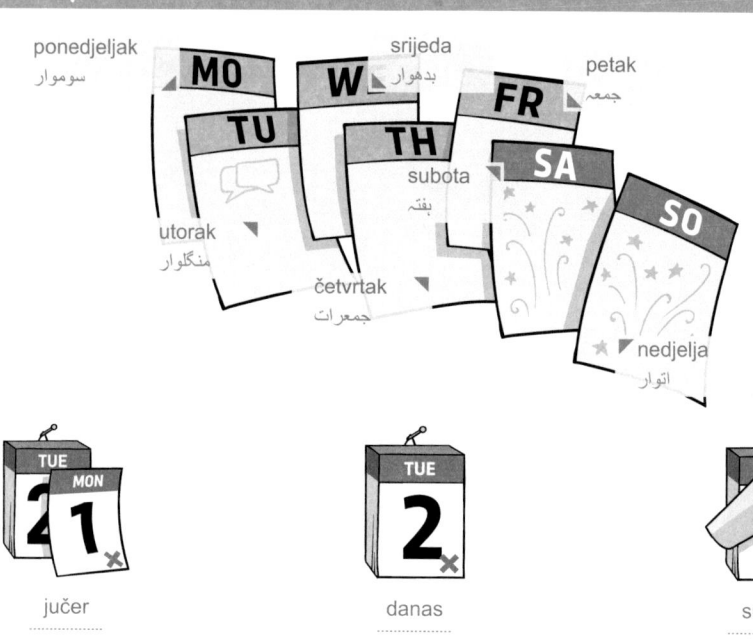

ponedjeljak
سوموار

MO

srijeda
بدھوار

W

petak
جمعہ

FR

TU

TH

SA

utorak
منگلوار

subota
بفتہ

SO

četvrtak
جمعرات

nedjelja
اتوار

jučer

گزرا کل

danas

آج

sutra

کل

jutro

صبح

podne

دوپہر

večer

شام

MO	TU	WE	TH	FR	SA	SU
1	2	3	4	5	6	7
8	9	10	11	12	13	14
15	16	17	18	19	20	21
22	23	24	25	26	27	28
29	30	31	1	2	3	4

radni dani

کاروباری دن

MO	TU	WE	TH	FR	SA	SU
1	2	3	4	5	6	7
8	9	10	11	12	13	14
15	16	17	18	19	20	21
22	23	24	25	26	27	28
29	30	31	1	2	3	4

vikend

بفتے کا اختتام

kiša
بارش

duga
قوس قزح

proljeće
بہار

ljeto
موسم گرما

vjetar
ہوا

jesen
خزاں

snijeg
برف

zima
موسم سرما

4.APRIL	11°	☀
5.APRIL	4°	⛅
6.APRIL	13°	☁
7.APRIL	8°	☀
8.APRIL	10°	☀

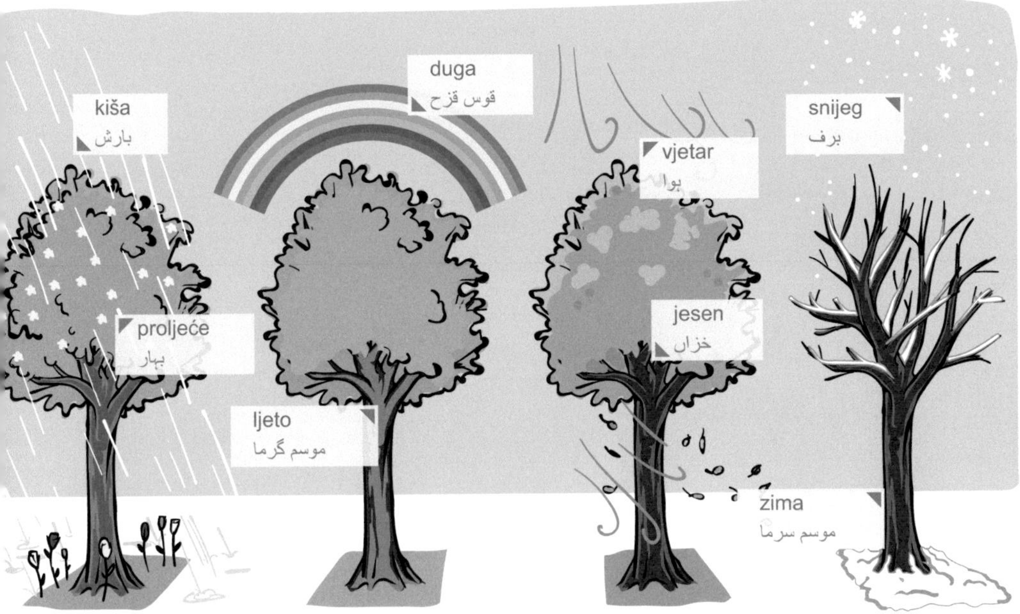

meteorološka prognoza

موسمی پیش گوئی

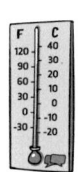

termometar

تہرما میٹر

sunčana svjetlost

دھوپ

oblak

بادل

magla

ذھند

vlažnost zraka

حبس

munja

بجلی کوندھنا

grmljavina

بادلوں کی گرج

oluja

طوفان

tuča

ژالہ باری

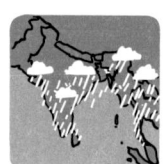

monsun

مون سون

poplava

سیلاب

led

برف

siječanj

جنوری

veljača

فروری

ožujak

مارچ

travanj

اپریل

svibanj

مئی

lipanj

جون

srpanj

جولائی

kolovoz

اگست

rujan

ستمبر

listopad

اكتوبر

studeni

نومبر

prosinac

دسمبر

oblici

اشكال

krug

دائره

kvadrat

چوكور

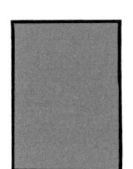

pravokutnik

مستطيل

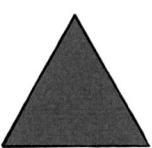

trokut

تكون

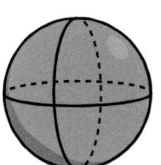

kugla

گره

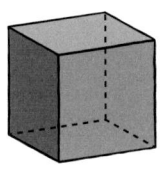

kocka

مكعب

bijela

سفید

žuta

پیلا

narančasta

نارنجی

ružičasta

گلابی

crvena

سُرخ

ljubičasta

جامنی

plava

نیلا

zelena

سبز

smeđa

بھورا

siva

متیالا

crna

سیاه

mnogo / malo

بہت زیادہ / بہت کم

ljutito / mirno

ناراض / پُرسکون

lijepo / ružno

خوبصورت / بدصورت

početak / kraj

آغاز / اختتام

veliko / maleno

بڑا / چھوٹا

svijetlo / tamno

روشن / اندھیرا

brat / sestra

بھائی / بہن

čisto / prljavo

صاف / گندا

potpuno / nepotpuno

مکمل / نامکمل

dan / noć

دن / رات

mrtvo / živo

زندہ / مُردہ

široko / usko

چوڑا / تنگ

jestivo / nejestivo

کھانے کے قابل ہونا / کھانے کے قابل نہ ہونا

zlo / dobro

بُرا / اچھا

uzbuđeno / dosadno

پُرجوش / بوریت کا شکار

debelo / mršavo

موٹا / دُبلا

na početku / na kraju

پہلا / آخری

prijatelj / neprijatelj

دوست / دُشمن

puno / prazno

بھرا ہوا / خالی

tvrdo / mekano

سخت / نرم

teško / lagano

بوجھل / ہلکا

glad / žeđ

بھوک / پیاس

bolesno / zdravo

بیمار / صحتمند

ilegalno / legalno

غیرقانونی / قانونی

pametno / glupo

عقلمند / بیوقوف

lijevo / desno

بائیں / دائیں

blizu / daleko

نزدیک / دور

novo / rabljeno

نیا / پُرانا

ništa / nešto

کچھ نہیں / کچھ ہے

staro / mlado

بوڑھا / نوجوان

uključeno / isključeno

آن / اَف

otvoreno / zatvoreno

کھلا / بند

tiho / glasno

خاموش / بُلند آواز

bogato / siromašno

امیر / غریب

točno / pogrešno

ٹھیک / غلط

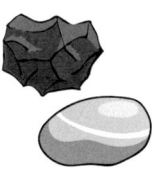

hrapavo / glatko

کھُردرا / ہموار

tužno / sretno

افسردہ / خوش

kratko / dugo

مُختصر / طویل

polako / brzo

آہستہ / تیز

mokro / suho

گیلا / خُشک

toplo / hladno

گرم / ٹھنڈا

rat / mir

جنگ / امن

0

nula

صفر

1

jedan

ایک

2

dva

دو

3

tri

تِین

4

četiri

چار

5

pet

پانچ

6

šest

چھ

7

sedam

سات

8

osam

آٹھ

9

devet

نو

10

deset

دس

11

jedanaest

گیاره

12

dvanaest

باره

13

trinaest

تيره

14

četrnaest

چوده

15

petnaest

پندره

16

šestnaest

سوله

17

sedamnaest

سترّه

18

osamnaest

اتهاره

19

devetnaest

أنيس

20

dvadeset

بيس

100

stotinu

سو

1.000

tisuću

بزار

1.000.000

milijun

دس لاکه

engleski

انگریزی

američko engleski

امریکی انگریزی

kinesko mandarinski

چینی مینڈارین

hindi

ہندی

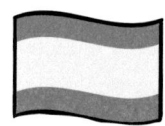

španjolski

ہسپانوی

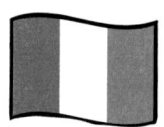

francuski

فرانسیسی

arapski

عربی

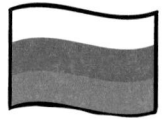

ruski

روسی

portugalski

پُرتگالی

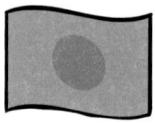

bengalski

بنگالی

njemački

جرمن

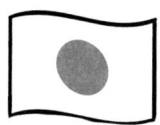

japanski

جاپانی

ja

میں

ti

تَم

on / ona / ono

وہ (لڑکا) / وہ (لڑکی) / یہ

mi

ہم

vi

تَم

oni

وہ

tko?

کون؟

što?

کیا؟

kako?

کیسے؟

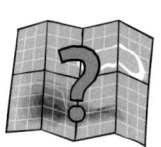

gdje?

کہاں؟

kada?

کب؟

ime

نام

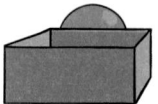

iza

پیچھے

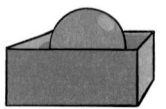

u

میں

ispred

کے سامنے

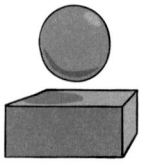

preko

اوپر

na

پر

ispod

نیچے

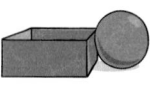

pored

ساتھ

između

درمیان

mjesto

جگہ